essentials

Springer Essentials sind innovative Bücher, die das Wissen von Springer DE in kompaktester Form anhand kleiner, komprimierter Wissensbausteine zur Darstellung bringen. Damit sind sie besonders für die Nutzung auf modernen Tablet-PCs und eBook-Readern geeignet. In der Reihe erscheinen sowohl Originalarbeiten wie auch aktualisierte und hinsichtlich der Textmenge genauestens konzentrierte Bearbeitungen von Texten, die in maßgeblichen, allerdings auch wesentlich umfangreicheren Werken des Springer Verlags an anderer Stelle erscheinen. Die Leser bekommen „self-contained knowledge" in destillierter Form: Die Essenz dessen, worauf es als „State-of-the-Art" in der Praxis und/oder aktueller Fachdiskussion ankommt.

Klaus Beck

Soziologie der Online-Kommunikation

 Springer VS

Klaus Beck
Freie Universität Berlin
Berlin
Deutschland

ISSN 2197-6708
ISBN 978-3-658-04417-6
DOI 10.1007/978-3-658-04418-3

ISSN 2197-6716 (electronic)
ISBN 978-3-658-04418-3 (eBook)

Die Deutsche Nationalbibliothek verzeichnet diese Publikation in der Deutschen Nationalbi-
bliografie; detaillierte bibliografische Daten sind im Internet über http://dnb.d-nb.de abrufbar.

Springer VS

Gedruckt auf säurefreiem und chlorfrei gebleichtem Papier

Springer VS ist eine Marke von Springer DE. Springer DE ist Teil der Fachverlagsgruppe
Springer Science+Business Media
www.springer-vs.de

Vorwort

Der vorliegende Beitrag wurde für das von Wolfgang Schweiger und Klaus Beck herausgegebene Handbuch Online-Kommunikation (vgl. Schweiger und Beck 2010) mit dem Ziel verfasst, eine kommunikationssoziologisch begründete Einordnung der unterschiedlichen Formen oder Modi computervermittelter Kommunikation zu entwickeln. Ausgangspunkt ist auch in dieser aktualisierten Fassung ein kommunikationswissenschaftlich fundierter Medienbegriff und Bezugspunkte bilden die bislang vorliegenden Systematisierungsansätze der Online-Kommunikation. Dabei soll deutlich werden, dass es zwar typische Gebrauchsweisen einzelner Internetdienste (wie E-Mail, Blog etc.) gibt, dass sich bei näherer Betrachtung aber nicht nur das Internet insgesamt als Hybridmedium erweist, sondern auch einzelne Modi ganz unterschiedliche soziale Funktionen aufweisen.

Berlin, im Oktober 2013   Prof. Dr. Klaus Beck

Inhaltsverzeichnis

Einleitung

Für die Publizistik-, Kommunikations- und Medienwissenschaft stellen „Internet"
und Online-Kommunikation eine Herausforderung dar: Bislang hatte man es mit
(vermeintlich) distinkten Medien wie Presse (Tageszeitung, Zeitschrift), Rundfunk
(Hörfunk und Fernsehen), Film oder Buch zu tun; völlig getrennt davon und meist
gar nicht im Fokus dieser Disziplinen lag der Telekommunikationssektor. Doch
mit dem Aufkommen des Internet setzte nicht nur eine Debatte darüber ein, ob
und in welchem Maße es zur Verdrängung (Substitution) nicht medial vermittelter
interpersonaler Kommunikation und publizistischer Medien kommen könnte. Es
stellte sich auch die Frage nach der Konvergenz der Kommunikationsmedien, denn
„im Internet" fanden nun interpersonale und publizistische, private, organisationsinterne und öffentliche Kommunikation statt. Damit stellte sich die Frage der
Konvergenz der Medien bzw. der Multimedialität der Netzkommunikation. Was
jedoch fehlte, war eine theoretisch fundierte Systematisierung der neuen Kommunikationsformen, die sich nicht allein an technischen Diensten und Protokolltypen
orientierte, sondern kommunikationssoziologisch und medientheoretisch begründet ist.

K. Beck, *Soziologie der Online-Kommunikation*, essentials,
DOI 10.1007/978-3-658-04418-3_1, © Springer Fachmedien Wiesbaden 2014

Online-Kommunikation 2

2.1 Grundbegriffe und Systematik: Das Internet als Mediennetz

Im alltäglichen Sprachgebrauch wie in den publizistischen Medien, aber auch in Teilen der Fachliteratur wird „das Internet" als Medium, mitunter trotz seiner über 40-jährigen Geschichte als „neues" Medium, bezeichnet. Aus kommunikationswissenschaftlicher Sicht wirft dies die Frage nach dem zugrunde liegenden Medienbegriff auf. Eine rein technische Mediendefinition greift aus sozial- wie aus kulturwissenschaftlicher Sicht zweifellos zu kurz. Um die Funktionalität von Kommunikationsmedien angemessen analysieren zu können, ist es vielmehr notwendig, verschiedene Dimensionen eines Mediums zu berücksichtigen. Legt man die theoretischen Überlegungen von Harry Pross und von Ulrich Saxer zugrunde, dann sind Kommunikationsmedien im engeren Sinne Mittel zum Zweck der Kommunikation (symbolischen Interaktion) zwischen Menschen auf einer technischen Grundlage. Der Gebrauch von Medientechniken und die Verwendung von Zeichen folgen gesellschaftlich konventionalisierten Regeln und Erwartungsstrukturen, die sozial ausgehandelt wurden und nun als *Institutionen* die soziale Kommunikationspraxis rahmen. Technisch basierte Kommunikation erfordert gerade in modernen und ausdifferenzierten Gesellschaften einen erheblichen *Organisationsaufwand*, denn die Überbrückung raumzeitlicher Distanzen wirft neben Koordinations- und Kooperationsfragen, die metakommunikativ gelöst werden können, auch ökonomische und rechtliche Fragen auf. Dabei geht es um die Bewirtschaftung knapper Ressourcen (Frequenzen, Kanäle, Übertragungskapazitäten), den Interessenausgleich von Anspruchsgruppen und nicht zuletzt die Finanzierung des notwendigen Aufwands. Zusammenfassend kann man *Medien als technisch basierte Zeichensysteme, die im sozialen Zusammenleben von Menschen zum Zwecke der Verständigung in institutionalisierter und organisierter Form verwendet werden*, verstehen (vgl. Beck 2007, S. 81–85).

K. Beck, *Soziologie der Online-Kommunikation*, essentials, DOI 10.1007/978-3-658-04418-3_2, © Springer Fachmedien Wiesbaden 2014

Vor diesem Hintergrund erscheint die pauschale Einordnung „des Internets" als
(ein) Medium als unzureichend, denn offenkundig unterscheidet sich „das Internet" hinsichtlich der verwendeten Zeichensysteme, der beteiligten Kommunikationspartner, der kommunikativen Formen und Funktionen, aber auch der institutionellen und organisatorischen Aspekte von anderen Medien wie dem Hörfunk
oder dem Fernsehen durch seine Vielgestaltigkeit und Heterogenität. Der lange Zeit
gebräuchliche Begriff der Multimedialität spiegelt diese Komplexität nur unzureichend wider, weil er vor allem auf die aus den anderen Medien bekannten Zeichen-
oder Texttypen (Schrift, Bild, gesprochene Sprache etc.) abhebt. Zur Beschreibung
der Medialität des Internet ist die techniksoziologische Unterscheidung zwischen
Medien erster und zweiter Ordnung hilfreich: Als komplexes technisches System mit
bestimmten Potentialen für die Speicherung, Bearbeitung und Übertragung von
digitalen Daten über ein Netz von Kommunikationsnetzen und mittels definierter
Protokolle kann das Internet als Medium erster Ordnung charakterisiert werden.
Die digitale Form der Daten erleichtert dabei die Kombination unterschiedlicher
Zeichensysteme auf derselben Plattform. Wozu genau diese Daten dienen, wie sie
in für Menschen wahrnehmbare Zeichen dekodiert werden, welche Informatio-
nen Menschen daraus möglicherweise gewinnen und nach welchen Regeln sich
Kommunikationspartner dieser Medientechnik bedienen – all dies ist durch das
Medium erster Ordnung nicht determiniert. Erst die institutionellen Regeln und
Organisationsweisen des soziokulturellen Mediengebrauchs begründen das Medium zweiter Ordnung (Kubicek 1997, S. 218–220; Joerges und Braun 1994, S. 19).
Führt man sich die semiotische, institutionelle und organisatorische Heterogenität
von internetbasierten Kommunikationsformen wie E-Mail, Chat oder WorldWideWeb vor Augen, dann wird deutlich, dass „das Internet" als Medium erster Ordnung oder eine technische Plattform fungiert, auf der ein – technisch zunehmend
auf WWW-Interfaces integriertes – Bündel von Medien zweiter Ordnung aufbaut.

Die technische Plattform Internet und die Medien der Online-Kommunikation
lassen sich nun systematisch beschreiben: Als *technisches Medium* erster Ordnung
wird das Internet durch eine physikalische Infrastruktur (Server-, Client-, Proxy-
rechner sowie Leitungs-, Funk- und Satellitenverbindungen) zur Übertragung di-
gitaler Daten in spezifischer Form (definiert durch Protokolle wie IP, TCP etc.) definiert. Weitere Darstellungs- und Anwendungsprotokolle werden in den „oberen"
Schichten 5–7 des ISO/OSI-Schichtenmodells[1] beschrieben: Protokolle wie FTP
(File Transfer), SMTP (Mail) oder HTTP (Hypertext/WWW) sowie Programmier-
sprachen wie HTML oder VRML bilden die technische Grundlage verschiedener

---

[1] Vgl. Zimmermann 1980.

Modi der Online-Kommunikation und ermöglichen die Verarbeitung bzw. Präsentation verschiedener Zeichentypen sowie deren Kombination.

Die Vielfalt und Kombinatorik verschiedener *Zeichensysteme* ist dabei nicht grundsätzlich neu, sondern seit langem prägend für die Printmedien (Schrifttext, Grafik, Foto) und das Fernsehen (Stehbild, Bewegtbild, Schrifttext, Sprachtext, Musik). Insofern ist das Schlagwort „Multimedia", mit dem die Innovation Internet bzw. das WWW vor allem in den 1990er Jahren populär wurde, in mehrfacher Hinsicht obsolet: Es handelt sich aus zeichentheoretischer Sicht nicht um unterschiedliche Medien, sondern um eine Kombination unterschiedlich codierter Daten oder um *„Multikode"* (Doelker 1998, S. 37): visuelle, auditive sowie bereits kombinierte Texte sowie Schrifttext werden entweder additiv nebeneinander gestellt oder zu einem neuen, nicht-linearen Gesamttext vernetzt („verlinkt"), der – auf der Ebene der Nutzung – einen semantischen Mehrwert erzeugt. Erst wenn die verschieden kodierten Daten und damit unterschiedliche Zeichensysteme so stark miteinander verknüpft sind, ist ein *Hypertext* (vielfach auch „Hypermedia") entstanden.

Nach Pfammatter (1997, S. 53–64) bestehen Hypertexte aus *Nodes* (Knoten) als kleinsten Informationseinheiten, die über *Links* miteinander verknüpft sind. Die Verknüpfung („verlinkung") kann hierarchisch erfolgen, so dass die Nutzer durch ihre Selektionsentscheidungen direkt (offene Hierarchie) oder indirekt (vorgeschriebener Weg einer geschlossenen Hierarchie) zu verschiedenen Ebenen des Gesamtangebotes (Website) oder darüber hinaus zu anderen Angeboten des gesamten WorldWideWeb navigieren können. Die Verlinkung kann auch linear (lateral) erfolgen, so dass sich die Navigation auf verschiedene Elemente derselben Webpage (HTML-Dokument) beschränkt. Die Links in Hypertext und Hypermedia-Angeboten sind meist graphisch hervorgehoben, um die Nutzer auf Selektionsmöglichkeiten aufmerksam zu machen; sie können als „Mikrozugriffselemente" im Ausgangsdokument „an Ort und Stelle" stehen und den direkten Navigations„-Sprung" ermöglichen, sie können aber – eher der Buchdruckkultur verpflichtet – als systematisches Inhaltsverzeichnis, Register etc. („Makrozugriffselement") gebündelt am Anfang oder Ende („Linkliste") oder in einem separaten „Navigationsfenster" angeordnet sein (vgl. Schweiger 2001, S. 31–35). Der Begriff Hypertext wurde bereits 1965 von Ted Nelson eingeführt; die Idee, Texte für die nicht-lineare Lektüre zu editieren ist allerdings noch weitaus älter. Bereits in der „Gutenberg-Galaxis" des Buchdrucks sind Kommentare, Fußnoten, Register, Querverweise, Exkurse, Marginalien ebenso geläufig, wie Texte, die auf andere Texte verweisen (Sekundärliteratur, Rezensionen usw.). Computerbasierte digitale Hypertexte und Hypermedien. Im WWW erweitern die Möglichkeiten intertextueller Verweise durch globale Vernetzung, hohe Speicherkapazität, standardisierte Formate und Multikode erheblich – und sie erleichtern auch die individuelle Nutzung.

Das Schichtenmodell des Internet ist nur ein Beispiel, das die Komplexität der *Organisationsdimension* von Online-Kommunikation aus technologischer Sicht deutlich macht. Vergleichbare Modelle wären auch für anderen Onlinenetze, etwa organisationsinterne Intranets, Extranets und geschlossene Sicherheitsnetze von Banken, Behörden etc. zu rekonstruieren. Organisationsaspekte umfassen auch unterschiedliche Leistungsrollen, die hohe wirtschaftliche und rechtliche Relevanz besitzen: Zu unterscheiden sind insbesondere

- Access-Provider, die einen Zugang zum Telekommunikationsnetz und dem Internet als Medium erster Ordnung verschaffen
- Service-Provider, die einen (oder mehrere) spezifische „Dienste", z. B. E-Mail, Web-Hosting etc. betreiben, und
- Content-Provider; die bestimmte Inhalte anbieten und rechtlich verantworten.

Die Provider können staatliche oder öffentliche Organisationen (insbesondere Hochschulen), Vereine, kommerzielle Medien- oder andere Unternehmen sein, aber auch Privatpersonen (User Generated Content in sog. „Social Media") sein.

Aus kommunikationssoziologischer Sicht interessiert besonders, welche verschiedenen Formen der *Institutionalisierung* unterschiedliche Medien oder Modi der Online-Kommunikation aufweisen. Das Internet erweist sich auch bei dieser Betrachtung als „Hybridmedium", weil es sehr unterschiedlich institutionalisierte Formen der Kommunikation ermöglicht (vgl. 2.2).

2.2 Modi computervermittelter Kommunikation

Auf der Ebene der Medien zweiter Ordnung wird die Vielfalt der kommunikativen Potentiale des Internet sichtbar. Als zentrales technisches Medium der Online-Kommunikation bündelt das „Netz der Netze" nicht nur verschiedene Formen (Modi) der Kommunikation, sondern es vernetzt und integriert sie auch, weil der Wechsel von einem Modus zum anderen sehr nutzerfreundlich möglich ist. Hinzu kommt, dass gerade in den letzten Jahren eine Fülle vormals protokoll- und softwaretechnisch unterschiedener Dienste mittlerweile als Web-Applikationen mit ein und derselben Browsersoftware genutzt werden können. War die zeitparallele Nutzung beispielsweise von Webangeboten und E-Mail auch früher durch Multitasking und dem Hin- und herwechseln zwischen verschiedenen Anwendungsfenstern mit unterschiedlicher Client-Software möglich, so hat sich durch den Fortschritt der Softwaretechnologie die Situation für viele Nutzer vereinfacht: Die Integration der Dienste und „Interfaces" ist soweit vorangeschritten, dass vielfach gar nicht mehr deutlich zwischen den unterschiedlichen Modi getrennt wird und das Gefühl für den Medienbruch (also den Wechsel zwischen verschiedenen Diensten), unterschiedliche Protokolle oder technische Applikationen und möglicherweise auch institutionelle Rahmen tendenziell verloren geht.

Ein grundlegender Versuch, Online-Kommunikation zu systematisieren stammt von Morris und Ogan (1996), die zeitliche und soziale Kriterien als Ordnungskriterien vorschlagen: 1) Synchrone und asynchrone Kommunikationsformen können in der Sozialdimension jeweils nach der 2) Konfiguration, also der Zahl der Kommunikationspartner und Struktur der Kommunikationsprozesse, unterschieden werden. Es ergibt sich eine einfache Matrix, die allerdings auch in aktualisierter Fassung[2] (Tab. 2.1) nur eine grobe Verortung erlaubt. Mit der zunehmenden Verbreitung von zeitunabhängigen Verbindungen („Flatrate") sowie in betrieblichen Kontexten wird E-Mail-Kommunikation durchaus synchron als Frage-und-Antwort-Dialog betrieben. Ältere (MUD, MOO) und neuere Formen netzbasierter Onlinespiele oder sog. Social Media-Angebote (z. B. auf Facebook) greifen durchaus auf gespeicherte, also asynchrone Kommunikate (Profile, Timelines, Posts etc.) zurück und erschöpfen sich nicht in der synchronen Kommunikation. Die zeitlichen Zuordnungen ganzer Dienste ist also schwierig, aber auch die soziale Einordnung mittels der Konfiguration ist nicht eindeutig. Wie ein Blick auf die Matrix in Tab. 2.1 zeigt, werden einige Modi der Online-Kommunikation mehrfach zugeordnet. Letztlich ist die Konfiguration das Ergebnis konkreter sozialer Handlungen und einer institutionalisierten Nutzungsweise, die nicht durch das medientechnische Potential determiniert wird, sondern innerhalb eines Dienstes unterschiedlich ausgehandelt werden kann.

Am auffälligsten wird dies vielleicht beim WorldWideWeb, dass ganz unterschiedlichen Formen der Kommunikation dienen kann: Bereits seit langem zu beobachten ist die Einrichtung einer persönlichen Website, eines Blog oder eines Social Network-Profiles zur Information nur eines einzigen Kommunikationspartners; dasselbe Kommunikat kann dabei aber auch – zumindest theoretisch – für die „Weltöffentlichkeit" sichtbar und rezipierbar sein. Im WWW und in den digitalen Social Networks wie Facebook finden sich überaus private, ja intime Homepages für den privaten Adressatenkreis ebenso wie gruppen- und gemeinschaftsbezogene Websites und professionelle Website eines aktuellen publizistischen Mediums mit dem dezidierten Anspruch zur öffentlichen Meinungsbildung beizutragen. Eine Zuordnung des Internet oder auch nur des WorldWideWeb als „Massenmedium" verbietet sich bei differenzierter Betrachtung folglich. Pauschale medientheoreti-

---

[2] Dienste, die heute keine Rolle mehr spielen (z. B. Gopher) wurden nicht mehr berücksichtigt, entgegen dem Original wurden dafür neuere Dienste bzw. Anwendungen aufgenommen.

Tab. 2.1 Systematisierung der Online-Kommunikation nach Morris und Ogan (1996)

Sozialdimension Konfiguration	Zeitdimension	
	synchron	asynchron
One-to-one	MUD[a], MOO[b], IRC[c], Instant Messaging, Onlinespiele	E-Mail, WWW, FTP[d]
One-to-few	MUD, MOO, IRC, Instant Messaging, Onlinespiele	Mailinglist, Blog, Microblog[e], Social Network Services[f]
One-to-many	MUD, MOO, IRC, Onlinespiele	WWW, FTP, Mailinglist, Blog, Microblog, Social Network Services
Many-to-one		WWW, FTP
Many-to-many	Onlinespiele	Usenet[g], Bulletin Board System[h]

[a] MultiUserDungeon (auch MultiUserDimension oder Dialog) sind ursprünglich fanatasy-orientierte textbasierte Rollenspiele zunächst über TELNET-Verbindungen realisiert

[b] MultiUserDimension Object Oriented sind ebenfalls ursprünglich rein textorientierte Rollespiele, allerdings erheblich erweitert durch eine verbal repräsentierte virtuelle Umgebung

[c] IRC steht für Internet Relay Chat, die ursprünglich nicht webbasierte Form des Chattens

[d] FileTransferProtocol, insbesondere zum Download von Dateien auf den Clientrechner, z. B. Software

[e] Twitter

[f] Plattformen für die Peer-to-peer-Kommunikation auf der Basis personalisierter Accounts, z. B. Facebook, Xing etc

[g] Das Usenet ist ein weltweites Netz aus Newsgroups genannten Diskussionsforen, in denen thematisch strukturiert Nachrichten und Diskussionsbeiträge wie auf einem schwarzen Brett gespeichert werden und meist ohne Medienbruch mittels einer Newsreader-Software zu weiterer Kommunikation führen (können)

[h] Ursprünglich nicht internetbasiertes netz von elektronischen „Schwarzen Brettern" zur Publikation von Textnachrichten, die in der Regel per Mail oder Telefon weitere Kommunikation nach sich ziehen (können)

sche Einordnungen sind problematisch (vgl. auch Rössler 1998, S. 36), weil die konkreten Gebrauchsweisen und die sich hieraus im Laufe der Zeit entwickelnden Gebrauchsregeln entscheidend die Institutionendimension von Onlinemedien prägen.

2.3 Rahmen computervermittelter Kommunikation: Das Internet als Hybridmedium

Auf der Rahmenanalyse des Soziologen Erving Goffman basierend hat Joachim R. Höflich (1997) das theoretische Konzept verschiedener Computerrahmen entwickelt, um die Vielgestaltigkeit computervermittelter Kommunikation sowie einige der auftretenden Kommunikationsprobleme zu analysieren. Bei den Rahmen handelt es sich um situationsübergreifende Regeln und Erwartungen, die es den Akteuren erleichtern, sozial angemessen zu handeln. Rahmen strukturieren durch Rollen und Skripte soziales Handeln, sind aber selbst auch wandelbar (Prozess der Rahmung durch soziales und kommunikatives Handeln). Zwischen verschiedenen Rahmen kann gewechselt werden, es kann aber auch zur Verwechslung von Rahmen durch die Akteure kommen, die dann nicht mehr angemessen handeln (können). Auch Medienhandeln findet in subjektiv interpretierten sozialen Rahmen statt, die durch Technik und spezifische Codiergrenzen lediglich präformiert aber nicht definiert sind (Höflich 2003, S. 38–41). Das Internet gibt nun als Hybridmedium nicht nur unterschiedlichen Kommunikationsrahmen eine technische Basis, es erlaubt auch einen vergleichsweise raschen Wechsel der Rahmen, wobei die technischen Grundlagen eben die soziale Kommunikation nicht determinieren und folglich auch nicht ganze Internetdienste pauschal zu verorten sind. Rahmen bestimmen nicht die kommunikativen Handlungen, sie begrenzen aber die Handlungsmöglichkeiten.

Für die computervermittelte Kommunikation beschreibt Höflich (1997, S. 89–93, 1998a, S. 54–58) drei relevante Rahmen:

Der *Computer als Abrufmedium (Distributionsrahmen)* ermöglicht öffentliche Kommunikation durch Angebote, die sich an ein disperses Publikum richten und von diesem tendenziell jederzeit (und zunehmend auch: von jedem Ort aus) abgerufen werden können. Diese Angebote sind den traditionellen publizistischen Medienangeboten auch in der Hinsicht vergleichbar, dass sie ein Feedback der Nutzer zwar nicht ausschließen, aber im Grunde auf Verbreitung bzw. Abruf von Nachrichten angelegt sind. Die Mediennutzer sind dabei wie bei den Rundfunk- und Pressemedien keine passiven Empfänger, sondern wählen aktiv aus dem Angebot aus – wobei der Selektionsdruck und der Aktivitätsgrad bei der Online-Kommunikation vergleichsweise stärker sind, da es sich mit ganz wenigen Ausnahmen (Mailinglist, RSS-Feed, Streaming Videos, Soundfiles, Flash-Animationen etc.) um Pullmedien-Angebote handelt, die erst aktiv abgerufen werden müssen, bevor sie rezipiert werden. Typisch für die Kommunikation in diesem Rahmen sind viele WWW-Angebote.

Der *Computer als Forum- und Diskussionsmedium (Diskursrahmen)* ermöglicht ebenfalls öffentliche Kommunikation, allerdings beschränkt sich bei dieser Form die Aktivität der Nutzer nicht auf Selektion und Rezeption. Typischerweise erstellen die Nutzer bei der Forumsdiskussion selbst Kommunikate und tragen durch User Generated Content, der von einfachen Textbeiträgen im Chat bis hin zu eigenen Blogs reichen kann, zur Diskussion in meist begrenzten Öffentlichkeiten spezifischer Gruppen oder Gemeinschaften (Online, Electronic oder Virtual Communities) bei. Die wechselseitige Rollenerwartung ist die des aktiven Kommunikanten, wenngleich die Mehrzahl der Nutzer sich meist mit der Rezeption als „Lurker" begnügt. Typisch für die Kommunikation in diesem Rahmen sind viele sog. Web 2.0-Angebote.

Der *Computer als Medium der interpersonalen Kommunikation und Beziehungsmedium* dient der meist privaten bzw. persönlichen Verständigung, vergleichbar dem Telefon als synchroner oder dem Brief als asynchroner Kommunikationsform. Im Vordergrund steht die auch normativ begründete Wechselseitigkeit (Reziprozitätsnorm), also die Erwartung, dass Rede und Gegenrede, Frage und Antwort zu einem fortgesetzten Dialog führen. Typisch für die Online-Kommunikation in diesem Rahmen ist die E-Mail oder der (private) Chat.

Der online mit dem Internet verbundene Computer kann mit Höflich also als „Mischling" oder „Kreuzung" aus drei Mediencomputern bzw. „multiplen Computerrahmen" betrachtet werden: Abrufmedium, Forum- und Diskussionsmedium sowie Medium der interpersonalen Kommunikation ergeben ein *Hybridmedium*[3] (Höflich 2003, S. 75–76).

Die Verortung multipler Computerrahmen auf derselben technischen Plattform (Internet) und der nutzerfreundliche Wechsel zwischen diesen verschiedenen Rahmen bzw. deren Parallelnutzung ohne Wechsel des „Endgerätes" führen hin und wieder zu Kommunikationsproblemen. Dies gilt vor allem, wenn die Kommunikationsrahmen nicht klar sind oder die Kommunikanten sich nicht auf einen gemeinsamen Rahmen einigen, im Extremfall auch dann, wenn ein Kommunikant bewusst über den tatsächlichen Kommunikationsrahmen getäuscht wird. Typische Konfliktfelder liegen im Streit über die richtige Medienwahl (Medienwahlregeln) und über den „richtigen" Gebrauch des gewählten Mediums (prozedurale Medienregeln): Hier geht es oftmals darum, ob und in welchem Maße die Kommunikation öffentlich stattfindet und welche Inhalte, Umgangsformen und Verantwortlichkeiten gelten.

---

[3] Der Begriff Hypridmedium wurde ursprünglich von Morris und Ogan (1996) für Bulletin Board Systeme verwendet.

Interpersonale Online-Kommunikation 3

3.1 E-Mail-Kommunikation

Die älteste und bis heute am häufigsten genutzte Form interpersonaler Online-Kommunikation ist Electronic Mail (elektronische Post, elektronische Briefe), ein Modus der schriftlichen Textkommunikation, bei dem meist kürzere Nachrichten zwischen zwei (oder mehreren) Teilnehmern über digitale Datennetze ausgetauscht werden. Die ersten E-Mails wurden bereits im Vorläufer des heutigen Internet, dem ARPANET, ausgetauscht; in Deutschland gibt es E-Mail seit 1984, also weitaus länger als das WWW und die auf dieser Basis geschaffenen nutzerfreundlichen Webmailsysteme.

Technisch basiert E-Mail-Kommunikation auf dem Simple Mail Transfer Protocol (SMTP), das auf dem Internet Protocol (TCP/IP) aufsetzt. Im Gegensatz zur klassischen „gelben" oder „Schneckenpost" werden die „Briefe" (Mails) dem Empfänger aber nicht automatisch zugestellt, sondern in einem elektronischen „Postfach", der Mailbox, auf einem Mailserver, gespeichert und dann vom Empfänger dort abgerufen. Diese Struktur hat gegenüber der materiellen Post den großen Vorteil, dass die Mails durch den Adressaten unabhängig von seinem Aufenthaltsort per Webbrowser (Webmail), Clientsoftware und auch von mobilen Endgeräten aus abgerufen werden können. In der Regel eröffnet die Nutzung einer speziellen E-Mail-Software (E-Mail-Client) dem Nutzer höhere Gestaltungsmöglichkeiten als browserbasierte Webmailsysteme, die werbefinanziert und für den Mailnutzer daher gratis nutzbar sind (Freemail).

Die einzelne E-Mail setzt sich aus mindestens zwei Bestandteilen zusammen: dem „Header", der alle für die richtige Adressierung und Zustellung notwendigen Metadaten sowie eine Überschrift (Subject) enthält. Aus dem Header gehen zudem die Mailadressen oder die Namen von Absender und Empfänger, Sendedatum mit Uhrzeit sowie ggf. weitere Empfänger und beigefügte Dateianhänge (Attachments) hervor. Vor dem eigentlichen Titel der Mail sind ggf. noch Kürzel eingefügt,

K. Beck, *Soziologie der Online-Kommunikation*, essentials, DOI 10.1007/978-3-658-04418-3_3, © Springer Fachmedien Wiesbaden 2014

die eine Mail als Antwort („AW:", „RE: für Reply"), als weitergeleitete Mail („FW:"
für forwarded) oder als Kopie („CC" für Carbon Copy, also „Durchschlag") kenn-
zeichnen. Eine Mail-Identifikationsnummer im Header, die meist nicht sichtbar
ist, sorgt für die fehlerfreie Adressierung. Der Mail-Body enthält die eigentliche
Textnachricht, ursprünglich beschränkt auf alphanumerische Zeichen (ASCII),
mittlerweile sind hier auch gestaltete und „multimediale" HTML-Varianten üblich.
Darüber hinaus kann die Mail auch eine vom Clientprogramm standardmäßig
eingefügte „Signatur" mit den Adressdaten (Postadresse, Telefon etc.) des Absen-
ders enthalten. Als Anhang zur eigentlichen Mail können Dateien beliebigen Typs
(Tabellen, Grafik, Foto, Video, Sound sowie Software und Viren) und mittlerweile
auch beträchtlichen Umfangs versandt werden.

E-Mails können persönlich adressiert werden und sind dann ebenso wie Briefkommunikation oder Telefonat eine „klassische" Form dyadischer interpersonaler
Kommunikation zwischen zwei Menschen. Allerdings ist das grundrechtlich ga-
rantierte Post- und Telekommunikationsgeheimnis in der Regel technisch kaum
geschützt. E-Mails gleichen insofern eher Postkarten, die jeder lesen kann, der
Zugang zum Transportweg besitzt oder sich verschaffen kann. Per E-Mail können aber auch „Rundschreiben" verfasst werden, bei denen dieselbe Mail an einen größeren Empfängerkreis geht, der von einer Gruppe (Familie, Freundeskreis,
Verein) über größere Organisationen (*E-Mail-Newsletter* von Parteien, Verbände,
Unternehmen) bis hin zu einem nach zielgruppenstrategischen Gesichtspunkten
rekrutierten Sample (Werbe- und Spam-Mail). Auch die E-Mail trägt als Medium
somit Züge eines Hybridmediums, zumal auf der E-Mail-Kommunikation auch
explizite Medien der Gruppenkommunikation (Mailinglists) basieren (vgl. 4.2).
Dies gilt auch für die zeitlichen Aspekte der E-Mail-Kommunikation, die technisch
auf Asynchronität angelegt ist, durch den technischen Fortschritt (Beschleunigung
der Datenübertragung) aber mittlerweile auch (nahezu) synchron genutzt werden
kann. Zumindest in Intranets, je nach technischer Infrastruktur aber auch im Internet können eingehende Mails direkt beantwortet werden und lösen eine weitere
E-Mail aus, so dass es zu einer regelrechten Konversation kommt.

Aus kommunikationswissenschaftlicher Perspektive interessieren an der E-
Mailkkommunikation vor allem die Medienregeln und die kommunikativen Funktionen, die – wie die vorausgehende Medienwahl und Fragen der Substitution – vor
allem für die organisationsbezogene interpersonale Kommunikation untersucht
wurden.

Das – zumindest lange Zeit – sehr stark eingeschränkte Zeichenrepertoire der
256 ASCII-Symbole der üblichen Computertastatur haben zur Entwicklung einer
medienspezifischen Mischform aus gesprochener Sprache (Oralität) und geschrie-
benem Text (Literalität) geführt. Diese „Oraliteralität" kennzeichnet nicht nur die

E-Mail-Kommunikation, sondern auch Formen der gruppenbezogenen Online-Kommunikation, wie Chat, Newsgroup, Foren usw.

Im Vergleich mit der klassischen Schriftsprache erscheinen viele E-Mails als informell: durchgehende Kleinschreibung, unvollständige oder grammatisch fehlerhafte Sätze und orthographische Fehler sind – zumindest in der privaten Mail-Kommunikation – durchaus gebräuchlich und werden ebenso toleriert wie ein verkürzender „Telegramm"-Stil und die häufige Verwendung von Abkürzungen. Grammatik und Stilistik nähern sich damit der gesprochenen Sprache an. Durchgehende Kleinschreibung, Wortabkürzungen und verkürzender Stil sind, anders als beim Telegramm nicht den Kosten, sondern der Bequemlichkeit der Nutzer geschuldet, vielleicht aber auch ein Import aus der englischen „Muttersprachland" der E-Mail. Medien- bzw. onlinespezifisch sind zum Repertoire der eingeführten Wortabkürzungen (z. B., usw., etc.) eine Reihe von Akronymen getreten, die nahezu vollständig aus dem Englischen eingeflossen sind, wie beispielsweise „FYI" (for your information). Ein weiteres Kennzeichen der Oraliterität von Mail-Kommunikation sind die verwendeten Grußformeln zu Beginn und Ende einer Mail: Aus der Briefkommunikation übernommen werden, zumal bei der geschäftlichen oder amtlichen E-Mail-Kommunikation, die formellen Anreden („Sehr geehrte/r Frau/ Herr" sowie „Mit freundlichen Grüßen" – oft aber nur noch als „MfG"). Häufig anzutreffen sind auch Grußformeln aus der Telefon- und der Face-to-face-Kommunikation („Hallo", „Hi", „Tschüss", „Ciao" oder „CU" für „see you").

Seit mehr als zwanzig Jahren werden in E-Mails sog. Emoticons verwendet, die aus den ASCII-Zeichen Klammer, Komma, Punkt, Doppelpunkt, Bindestrich zusammengesetzt „Smilies" darstellen – zumindest für die Nutzer, die dieses Symbolsystem decodieren können und wissen, dass man den Kopf um 90 Grad neigen muss. Mit Hilfe dieser Smileys:-) (aus der Eingabefolge Doppelpunkt, Bindestrich, schließende Klammer generieren viele Softwares automatisch: ☺) können metakommunikative Botschaften codiert werden, also Kommentare über den Gemütszustand oder die Gefühle des Kommunikanten und wie folglich der geschriebene Text zu interpretieren ist. Die Emotical Icons (Emoticons) sollen damit kompensieren, was in der Face-to-face-Kommunikation vielleicht der Mimik und Gestik des Kommunikationspartners zu entnehmen ist. Allerdings sind Emoticons eben keine natürlichen Anzeichen mehr, die im Alltag als untrüglich und authentisch gelten, sondern es sind bewusst und möglicherweise auch strategisch eingesetzte ikonische Zeichen.

Die linguistischen und semiotischen Charakteristika der E-Mail-Kommunikation (vgl. Beck 2006, S. 89–93; Haase et al. 1997; Pansegrau 1997; Günther und Wyss 1996) begründen die These, dass es sich um eine eigene Form der Medienkommunikation handelt ebenso wie die spezifischen Kommunikations- und Medienregeln:

Wann, von wem und wie genau nämlich von den bislang beschriebenen Ausdrucks- und Kommunikationsmöglichkeiten tatsächlich Gebrauch gemacht wird, ist kommunikationssoziologisch zu erforschen. Das kommunikative Handeln unterliegt (auch) in der E-Mail-Kommunikation keinem technologischen Determinismus, sondern sozialen Regeln, die im alltäglichen Gebrauch ausgehandelt werden. Der Rahmen der E-Mail-Kommunikation (vgl. 2.3) wird dabei durch die interpersonale Beziehung der Kommunikanten bestimmt; die Qualitäten der Beziehung (Grad der Vertrautheit oder Intimität, Beziehungs- und Kommunikationsgeschichte, gemeinsame E-Mailerfahrungen, Zugehörigkeit zu bestimmten Sub- oder Kommunikationskulturen) sind neben dem Kommunikationsanlass, situativen Faktoren (momentane Stimmungen, Kommunikationskontext) und persönlichen Eigenschaften (Medienkompetenz, allgemeine psychologische Persönlichkeitsfaktoren) wichtige empirisch beschreibbare Größen.

Insbesondere im Organisationskontext können verschiedene Typen von E-Mails klassifiziert werden (vgl. Whittaker und Sidner 1997; Voigt 2003), die sich hinsichtlich ihrer kommunikativen Funktion deutlich unterscheiden:

To do-Mails enthalten Fragen, Mitteilungen, Einladungen, Terminvorschläge oder Arbeitsaufträge, die zumindest kommunikatives Anschlusshandeln (Antwort, Kommunikation mit Dritten, Weiterleitung usw.), oft aber anderes Anschlusshandeln auslösen (die Bearbeitung von Dateien im Attachment etc.). Wird die E-Mail an Dritte weitergeleitet (Forward) oder wird eine Kopie empfangen oder versendet, dann erweitert sich die Kommunikationsdyade zur Gruppenkommunikation. Das „In-Kopie-Setzen" wird im Organisationskontext benutzt, damit auch die nur mittelbar betroffenen Kollegen informiert sind, mitunter aber auch, um sich gegenüber anderen Kollegen oder Vorgesetzten „abzusichern". Auch das Weiterleiten von E-Mails kann der persönlichen Entlastung bzw. der Verlagerung von Arbeitsaufgaben dienen. Verdeckte Formen der Weiterleitung von empfangenen Mails bzw. von Kopien der eigenen Mails bergen erhebliche Konfliktpotentiale. Die Motive dürften ähnlich sein wie beim verdeckten Mithören von Telefonaten (Lautsprecher, Aufzeichnung) oder der Weitergabe von Briefen (bzw. Kopien), allerdings sind die Transaktionskosten für solche ethisch fragwürdigen Praktiken bei der E-Mail-Kommunikation ungleich geringer.

To read-Mails dienen lediglich der Übermittlung von Nachrichten, die gelesen werden sollen (oder müssen), um bestimmte Informationen zu erhalten. Diese Mails können direkt persönlich adessiert sein; es kann sich aber auch um „Copy Mails", also lediglich als offene („CC") bzw. verdeckte („BCC", Blind Carbon Copy) erhaltene Mails sowie um „*Forwarded Mails*" handeln, die von einer anderen Person weitergeleitet den Empfänger nur indirekt erreicht haben. Ob, wo (Ordner) und in welcher Form (digital, Ausdruck) und wie dauerhaft (Projektende, Beziehungsende, Arbeitsende) diese Mails zu archivieren sind, muss ebenfalls vom Empfänger entschieden (oder von Organisationsregeln vorgegeben) werden. Als eine Unterform dieser To-read-Mails können *To-save-Mails* gelten, die zwar gespeichert, aber zumindest aktuell nicht gelesen werden. Dies können z. B. Buchungs- oder Versandbestätigungen, Eingangsbestätigungen oder andere Mails sein, deren Inhalt standardisiert oder aufgrund von Absender oder Subject-Zeile prinzipiell bekannt ist. Eine detaillierte Lektüre beim Empfang ist hier nicht sinnvoll, die Archivierung aber schon, um ggf. zu einem späteren Zeitpunkt darauf zurückgreifen zu können.

Bereits erwähnt wurden *E-Mails, die der synchronen Konversation dienen*, also eine verschriftliche Form des Dialogs oder ein „Zwei-Personen-Chat" (vgl. 4.1) darstellen und eine Nähe zum neueren Onlinemodus der Instant Message (vgl. 3.2) aufweisen.

Als Modus der interpersonalen Kommunikation zeichnet sich die E-Mail-Kommunikation durch eine Fülle möglicher Funktionen aus, die – eine technische Verfügbarkeit vorausgesetzt – im Vergleich zum Brief wesentlich schneller und bequemer sowie kostengünstiger erfüllt werden können, und im Vergleich zum Telefon auch asynchron erfolgen kann. E-Mail-Kommunikation dürfte Teile des traditionellen Postverkehrs, aber auch der Fax- und Telefonkommunikation als Geschäftsmedium wie als persönliches Medium substituiert haben. Gleichzeitig dient E-Mail-Kommunikation aber in hohem Maße der Pflege und Koordination von sozialen Beziehungen – in lebensweltlichen Kontexten ebenso wie in Organisationen. Es wird also, gerade weil die Transaktionskosten so gering sind, auch zusätzliche interpersonale Kommunikation induziert, die entweder ebenfalls per E-Mail (mit dem möglichen Effekt des „E-Mail-Overload") oder telefonisch und Face-to-face stattfindet.

3.2 Instant Messages

Als weiteres Medium interpersonaler computervermittelter Kommunikation haben sich Instant Messaging-Dienste (IM) etabliert, die zwar primär für die synchrone dyadische Kommunikation, also den textbasierten Dialog gedacht sind, aber auch asynchron und *in* Gruppen (aber nicht *für* die synchrone Gruppenkommunikation) genutzt werden. Im synchronen Dialogmodus unterscheidet sich Instant Messaging nicht wesentlich von privaten Chats (vgl. 4.1), denn auch IM erfolgt in der Regel nicht öffentlich, textbasiert und auf der Basis sehr kurzer Textnachrichten. Einer der bekanntesten IM-Dienste, Skype, wird vor allem als (Bild-)Telefondienst genutzt.

Instant Messaging wird von unterschiedlichen Providern (z. B. Microsoft, AOL/ ICQ, Yahoo, Telekom) angeboten, die proprietäre Software verwenden, so dass die einzelnen IM-Netzwerke anders als bei der E-Mail-Kommunikation untereinander nicht kompatibel und voneinander abgeschottet sind. Zudem erfolgt die sofortige Nachrichtenübertragung (Instant Messaging) indem die Daten direkt zum Kommunikationspartner übertragen und nicht in einer Mailbox zum Abruf bereitgehalten werden. Die Clientsoftware erlaubt nicht nur das Empfangen und Senden von kurzen Textbotschaften, sondern auch das metakommunikative Signalisieren der eigenen Kommunikationsbereitschaft und die Anzeige der gerade online befindlichen und kommunikationsbereiten Personen, aus der eigenen „Freundesliste", „Contact-" oder „Buddylist". Diese Listen legen zugleich fest, wer dazu berechtigt ist einen Kontakt herzustellen, sie besitzen also Filter- oder Selektionsfunktion und beschreiben damit ein egozentriertes soziales Netzwerk. Einerseits können gleichzeitig auch mehrere Parallel-Konversationen per IM geführt werden, andererseits wird der IM-Client oftmals zwar gemeinsam mit dem Onlinezugang geöffnet, ohne dass jedoch aktiv kommuniziert wird. Offenbar vermittelt zuweilen bereits die Anzeige der potenziellen Kommunikationspartner ein Gefühl von Gruppenzugehörigkeit oder Gemeinschaft (vgl. Schneider et al. 2005, S. 86–87). Über Profile kann auch die – mehr oder weniger gezielte – Suche nach alten und neuen Kommunikationspartnern sowie die Kontaktaufnahme mit bislang fremden Menschen erfolgen.

Semiotisch und linguistisch betrachtet ähneln Instant Messages E-Mails (Emoticons, Akronyme, Informalität) und Short Messages (extreme Verkürzung, Privatsprachen); funktional steht IM zwischen der langsameren E-Mail und dem teureren und aufdringlicheren Telefon: Schneider et al. (2005, S. 64–65) bezeichnen Instant Messaging als „Soziotainment"-Medium, das „Amüsement und soziale Nähe" verspricht. Auch die Nutzungsmotive dürften sich gleichen, denn IM kann zur alltäglichen Beziehungspflege und zur Gefühlskommunikation ebenso genutzt werden wie zur Koordination von privaten Tagesabläufen, für Verabredungen oder die Koordnination beruflicher Arbeit (vgl. Schneider et al. 2005, S. 34–52). Nachrichten an Netzwerkteilnehmer, die synchron nicht erreichbar sind, werden auf dem Server des Providers in sog. Queues, also Warteschleifen zwischengespeichert; einige Provider bieten auch eine Archivierung der „Gespräche" an.

Online-Kommunikation in Gruppen 4

4.1 Chatkommunikation

Jenseits des privaten Chat-Dialogs dienen der seit 1988 betriebene Dienst Internet Relay Chat (IRC) sowie die mittlerweile weiter verbreiteten Formen des WWW-basierten Webchats vor allem der Kommunikation in öffentlich zugänglichen oder geschlossenen Gruppen, dem sog. Poly- oder Multilog. Die Kommunikation verläuft hier synchron und textbasiert durch die Eingabe von kurzen Äußerungen mittels der alphanumerischen Computertastatur in das „Chatfenster" der Clientsoftware bzw. der Browser-Applikation. Innerhalb eines Chats können mehrere zeitlich und thematisch unabhängige Konversationsstränge stattfinden, an denen sich nicht immer alle eingeloggten Chatter beteiligen. Der Verlauf der Kommunikation wird eine zeitlang gespeichert, so dass er für hinzukommende Kommunikanten nachvollziehbar ist. Viele Chatkanäle und Webchats sind thematisch und zielgruppenbezogen strukturiert, allerdings beschränkt sich die Kommunikation meist nicht allein auf sachbezogene Informationsprozesse. Chats dienen in hohem Maße der Pflege, mitunter auch dem Knüpfen neuer Sozialkontakte und der Gefühlskommunikation, zumal sie zeitlich und räumlich nahezu unbegrenzt zugänglich sind. Chatangebote können für geschlossene Gruppen, ggf. auch kommerziell gegen Abonnement- oder Mitgliedsgebühren betrieben werden; sie können aber auch anlassbezogen stattfinden – etwa als Begleitung oder Nachbereitung von Fernseh- und Hörfunksendungen (oft als „Expertenchat") oder als Chat-„Events" mit Politikern oder Prominenten; sie können moderiert oder unmoderiert sein (vgl. zu den Grundlagen auch Beck 2006, S. 118–123). Chatten kann aus ganz unterschiedlichen Motiven erfolgen – zur Unterhaltung im Wortsinne, zur Information über Probleme, zur Diskussion und Meinungsbildung, aber auch zur Handlungskoordination in Spieleumgebungen. Die Kommunikation im Chat erweist sich insofern wiederum als hybrid, denn sie reicht vom privaten Dialog bis hin zur Themen- oder Organisationsöffentlichkeit.

K. Beck, *Soziologie der Online-Kommunikation*, essentials,
DOI 10.1007/978-3-658-04418-3_4, © Springer Fachmedien Wiesbaden 2014

In der Regel bedienen sich Chatter eines Nickname, so dass die Kommunikation pseudonym erfolgt; in einigen kommerziellen und moderierten Angeboten müssen aber reale persönliche Profile hinterlegt werden. Die Regeln der Chatkommunikation sind in Chatiquetten sind entweder von Nutzern nach und nach ausgehandelt und konventionalisiert worden oder in kodifizierten Chattiquetten niedergelegt. Bei Regelverletzungen können Nutzer des Chats zeitweilig oder dauerhaft durch technische Sperren seitens der Moderatoren bzw. Operatoren oder durch soziale Exklusion seitens der Nutzergemeinde sanktioniert werden (vgl. Döring und Schestak 2000). Die synchrone textbasierte Kommunikation in Gruppen kann als eigene kommunikative Gattung betrachtet werden, die eine Reihe spezifischer Medienregeln erfordert. Zum Beispiel muss ein komplexer Sprecherwechsel ebenso organisiert werden wie die Zuordnung der jeweils aufeinander Bezug nehmenden Dialogteile, gerade bei längeren Beiträgen. Empirische Untersuchungen hierzu liegen seit den 1990er Jahren ebenso vor wie linguistische und sozialpsychologische Analysen zum Umgang mit Anonymität, Pseudonymität und Authentizität (vgl. Thiedecke 2000; Beck 2006).

4.2 Kommunikation in Mailinglists und Newsgroups, Blogs und „sozialen Netzwerken"

Während die „klassische" E-Mail (vgl. 3.1) dem asynchronen Dialog oder dem individuell und anlassbezogen organisierten Polylog dient, handelt es sich bei *Mailinglists* um zentral verwaltete thematisch definierte Medien der Gruppenkommunikation. Mailinglists können abonniert werden, um alle Beiträge (Postings) per Mail zu erhalten. Zu unterscheiden sind moderierte und unmoderierte Mailinglists sowie geschlossene (oft nach Funktions- und Statusgruppen in der Organisationskommunikation) und öffentliche Listen, die über Verzeichnisse im WWW anhand ihrer thematischen Ausrichtung gefunden werden können. Im Gegensatz zum individuellen E-Mailverteiler (Distribution List) sind dem Absender eines Postings die Empfänger (List Subscriber) nicht unbedingt bekannt, da der Adressverteiler automatisch aktualisiert wird und Postings an die gesamte Mailinglist adressiert werden. Mailinglists sind aufgrund der Betreffzeilen (Subjects) thematisch zu Strängen (Threads) geordnet und sozial – entgegen egalitärer Netzutopien – stark strukturiert. Wie insbesondere die empirischen Untersuchungen von Stegbauer gezeigt haben, lassen sich eine relativ geringe Zahl von aktiven „Propagandisten" und „Diskutanten" (Zentrum) klar von der überragenden Mehrzahl der „Lurker", die sich mit dem Lesen begnügen, unterscheiden (Peripherie). Bei den meisten Threads handelt es sich um nicht beantwortete Kommunikationsofferten, also Posting die isoliert und unbeantwortet bleiben (vgl. Stegbauer 2001). Partiell können Mailinglists als „Vorläufer" von Blogs und RSS-Feeds betrachtet werden; empirisch zu untersuchen wären Unterschiede sowie mögliche Substitutionsprozesse. Auch bei den auf das Jahr 1979 zurückgehenden *Newsgroups* (Usenet) handelt es sich um mittlerweile mehrere Zehntausend Foren für die gruppenorientierte, aber weitgehend öffentlich zugängliche, asynchrone Online-Kommunikation. Die Nachrichten (News, Posts, Postings) werden ähnlich wie E-Mails verfasst, aber in einer thematischen und chronologischen Hierarchie angeordnet und können mittels eines Newsreaders (meist im Webbrowser integriert) abgerufen gelesen werden. Im Gegensatz zu Mailinglists (und RSS-Feeds) handelt es sich also nicht um ein aktives Verteil- oder „Push"-Medium, allerdings kann der Abruf automatisiert erfolgen. Der Teilnehmerkreis von Newsgroups ist nicht durch Abonnentenlisten vorab begrenzt, die thematisch zentrierte Gruppenkommunikation (Themenöffentlichkeit) ist also öffentlich sichtbar. Auch hier überwiegen die Lurker bei weitem die aktiven „Poster". Die Kommunikation im Usenet, hier verstanden als Gesamtheit der Newsgroups, ist seit mehr als einem Jahrzehnt Gegenstand sozialpsychologischer und kommunikationswissenschaftlicher Studien (vgl. Smith und Kollock 1999 sowie zusammenfassend Beck 2006, S. 102–117).

Mailinglists und Newsgroups gelten als Dienste oder Medien des „konventionellen" Internet; partiell treten an ihre Stelle mehr und mehr sogenannte „Social media" des „Web 2.0", insbesondere *Weblogs* (oder kurz: Blogs) und *„soziale Netzwerke."* Diese im öffentlichen Diskurs und der Medienberichterstattung mittlerweile etablierte Nomenklatur kann aus kommunikationswissenschaftlicher Sicht nicht überzeugen, suggeriert sie doch einen qualitativen, ja revolutionären Wandel, der weder empirisch belegt noch theoretisch plausibel erscheint: Zum einen waren und sind auch Mailinglists und Newsgroups Medien der sozialen Kommunikation mit geringen Zugangsbarrieren, die es auch nicht organisierten Laien (und nicht nur den großen Medienunternehmen oder ressourcenstarken Organisationen) erlauben, eine Themen- oder Versammlungsöffentlichkeit herzustellen. Zum anderen sind soziale Netzwerke nicht identisch mit (medien-)technischen Netzwerken, sondern – wie die soziale Netzwerkforschung allgemein und die Studien von Stegbauer u. a. bezogen auf die Online-Kommunikation gezeigt haben – eine soziale Tatsache, die auch völlig ohne mediale sowie mit ganz unterschiedlicher medialer Unterstützung auftreten kann. Der angelsächsische Sprachgebrauch ist hier exakter, denn dort werden Dienste wie Facebook, MySpace, SchülerVZ, Xing als „Social Network *Services (SNS)*" bezeichnet. An dieser Stelle soll nur kurz auf eine (provisorische) Systematik des in rascher Entwicklung befindlichen „Web 2.0" eingegangen werden (vgl. für ausführlichere Darstellungen Schmidt 2009; Ebersbach et al. 2011).

Weblog bzw. Blog steht als Kurzform für webbasiertes Logbuch, also eine Art chronologisch geordnetes Tagebuch im WorldWideWeb, das in der Regel öffentlich zugänglich ist. Weil es durch softwaretechnische Innovationen (Content Management Systeme, Templates, AJAX) auch für Laien sehr viel einfacher und bequemer geworden ist, solche Blogs anzulegen, ist im Laufe der letzten zehn Jahre eine ganze Blogosphäre entstanden. Blogs werden von Autoren betrieben, der – mehr oder weniger – regelmäßig Beiträge verfasst, die in umgekehrt chronologischer Folge erscheinen, d. h. der Leser stößt (anders als bei realen Tagebüchern) zuerst auf den letzten Beitrag. Jeder Beitrag besitzt eine eigene Webadresse (URL), einen so genannten Permalink, so dass mühelos Bezüge und Kommentare zu anderen Webangeboten und Beiträgen hergestellt werden können. Zum Medium der Gruppenkommunikation wird das Blog vor allem, wenn andere Nutzer selbst Kommentare beitragen oder Querverweise zu eigenen Blogbeiträgen oder anderen Webangeboten einfügen. Die vorgenommene Verlinkung wird durch Trackbacks automatisch angezeigt, so dass die Leser eines Blogeintrags A leicht den darauf Bezug nehmenden Blogeintrag B, der an beliebigem Ort der Blogosphäre gespeichert sein kann, aufsuchen und lesen können. Es entsteht auf diese Weise eine neue Art von kollektivem und kooperativem Hypertext. Um als Blogger bzw. Blogleser über aktuelle Veränderungen informiert zu werden, können RSS-Feeds abonniert werden, die neue Einträge in den individuell vorselektierten Blogs anzeigen. Die Kommunikation und wechselseitige Bezugnahme innerhalb der Blogosphäre wird durch Blogrolls gefördert. Dabei handelt es sich um eine Linksammmlung, die auf die durch den Blogger regelmäßig genutzten Quellen und Blogs verweist. Das Hosting von Weblogs kann auf dem eigenen Server erfolgen, die meisten Blogs sind jedoch über kommerzielle Provider, überwiegend werbefinanzierte Portale, zugänglich. Blog-Postings sind, wie ihre „Vorläufer", ganz überwiegend textbasiert; daneben haben sich auch *Videoblogs* und mobile nutzbare *Mikroblogs* wie „Twitter" etabliert, die typologisch zwischen Instant Message (vgl. 3.2), öffentlicher Short Message und Blog-Postings einzuordnen wären, bislang aus kommunikationswissenschaftlicher Perspektive aber kaum Aufmerksamkeit erhalten haben.

Nach Schmidt (2006) lassen sich grob drei Blog-Typen unterscheiden:

- *Persönliche Online-Journale oder -Tagebücher*, die sich primär an einen kleinen, meist persönlich bekannten Kreis richten und in hohem Maße dem persönlichen authentischen Selbst-Ausdruck bzw. der Selbstdarstellung, dem Identitätsmanagement, der Gefühlskommunikation und der mehr oder weniger privaten, zuweilen intimen Verständigung dienen, gleichwohl aber öffentlich zugänglich sind.

- *Laienjournalistische oder professionelle Medienblogs* hingegen adressieren politisch relevante Teilöffentlichkeiten, indem sie Informationen zu publizieren, von deren politischer, gesellschaftlicher, wirtschaftlicher, kultureller oder wie auch immer begründeter Relevanz die Blogger überzeugt sind. Ein Beitrag zur öffentlichen Meinungsbildung oder zumindest ein Forum öffentlicher Meinungsbildung ist intendiert. Mittlerweile bieten auch viele publizistische Medien aus dem Print- und Rundfunksektor im Rahmen ihrer Websites Blogs als partizipative Elemente an. Als Spezialform haben sich Media-Watch-Blogs etabliert sowie eine Reihe von Blogs, die gezielt eine Gegenöffentlichkeit zu den kommerziellen Medien bilden oder als Medien des Civil/Civic Journalism fungieren sollen (vgl. Neuberger und Quandt 2010).

- *Corporate Blogs* hingegen sind Medien organisierter Interessengruppen oder professioneller Organisationen für die interne oder externe (z. B. Kunden- oder Anwenderforum) Kommunikation. Es handelt sich also um korporative oder kollektive Kommunikatoren, auch wenn im Zuge kommunikationsstrategischer Personalisierung ein individueller Autor in den Vordergrund gerückt wird (z. B. CEO-Blog). Im Kern handelt es sich – bei Unternehmens-, Parteien-, Verbands- oder NGO-Blogs gleichermaßen – um Instrumente strategischer Kommunikation, oftmals mit persuasiver Intention, was verständigungsorientierte oder diskursive Elemente nicht ausschließen muss.

Diese Grobgliederung der Blogosphäre ließe sich durch eine Systematisierung nach Themen (etwa wie beim Usenet) ergänzen; deutlich wird die Multifunktionalität von Blogs und wiederum der hybride Charakter, der von intimer Kommunikation im kleinsten Kreis bis hin zu reichweitenstarken publizistischen Blogs oder Microblogs von prominenten Autoren reicht.

„Soziale Netzwerke" wie Xing oder Facebook sind webbasierte und meist von kommerziellen Anbietern organisierte Plattformen, zu deren Kernelementen persönliche Profile und Adressbücher, quasi als Abbild es egozentrierten sozialen Netzwerkes (Listen von „Freunden", „Followern" etc.), zählen. Als technische Plattform stellen soziale Netzwerkdienste Kommunikationsmöglichkeiten via E-Mail, Instant Messaging, aber auch Blogs und Videos zur Verfügung. Von vielen Nutzern, potentiell aber auch von kommerziellen Interessenten, gerne genutzt werden systematische Suchmöglichkeiten anhand bestimmter Profilkriterien, woraus sich medienethische und medienrechtliche Probleme (Persönlichkeitsrechte und Datenschutz) ergeben können. Die in den letzten Jahren rasch gewachsenen Teilnehmerzahlen, insbesondere bei Jugendlichen und jungen Erwachsenen sorgen für hohe Reichweiten und belegen ein Bedürfnis nach „networking", also der Pflege vorhandener sozialer Beziehungen, aber auch der Wiederbelebung (Schulfreunde, ehemalige Kollegen etc.) oder Neuanbahnung von Kontakten. Die Finanzierung erfolgt über Werbeerträge, was das Interesse an raschem Mitgliederzuwachs seitens der Provider erklärt, oder – bei exklusiveren Communities – durch Mitgliedsbeiträge. Beim Netzwerk Xing mit insgesamt rund 13,5 Mio. Mitgliedern gehören rund 825.000 zu den zahlenden Abonnenten (vgl. Xing 2013), die alle Funktionen nutzen können; auf Facebook sind monatlich rund 1,15 Mrd. Nutzer aktiv, der Börsenwert beläuft sich auf 122 Mrd. $ (Stand Oktober 2013). Mittlerweile erreichen die ersten Netzwerkdienste die Rentabilitätsschwelle; allerdings sind bisweilen erhebliche Anlaufverluste entstanden, wie beispielsweise 420 Mio. $ beim Microblog-Provider Twitter (vgl. Mortsiefer 2013). Auch als Forum der Selbstdarstellung haben soziale Netzwerkdienste wie MySpace eine medienökonomische Bedeutung bei der Selbst-Vermarktung von Musik durch Interpreten und Bands erhalten, die eine durch Profilierung und Vernetzung hergestellte Themenöffentlichkeit („Taste Community") nutzen, um die Verwertungskette der Musiklabels zu umgehen. Aus kommunikationssoziologischer Sicht sind ähnliche Fragestellungen relevant wie bei den anderen Medien der gruppenbezogenen Online-Kommunikation sowie die Frage veränderter Grenzen zwischen Privatheit und Öffentlichkeit.

Öffentliche Online-Kommunikation 5

Einige Modi der Online-Kommunikation eröffnen über die interpersonale Dialog- und Polylog-Kommunikation hinaus die Herstellung von organisations- und themenbezogenen Öffentlichkeiten und – vor allem im WorldWideWeb – auch die öffentliche Kommunikation mit Reichweiten, die sich mit vielen publizistischen Medien vergleichen lassen. Zumindest in Deutschland sind es die webbasierten Onlineangebote der klassischen Medienunternehmen, also von Presseverlagen und Rundfunkveranstaltern, die vorrangig – und bislang noch überwiegend entgeltfrei, zunehmend aber als „Paid content" – genutzt werden. Ein tendenziell zunehmender Teil der öffentlichen Kommunikation (Publizistik) findet damit in Gestalt von Online-Kommunikation statt, allerdings ohne dass damit eine eigenständige Netzöffentlichkeit begründet wäre. Eine solche, gerade in der Anfangszeit des Internets und dann erneut im Rahmen des Web 2.0-Hypes emphatisch diskutierte und propagierte Öffentlichkeit neuen Typs, die Züge einer politisch unkontrollierten (und unkontrollierbaren) und ökonomisch unabhängigen Gegenöffentlichkeit trägt, lässt sich empirisch allenfalls in Ansätzen und themenspezifischen Feldern nachweisen (vgl. Beck 2006, S. 204–229). Bereits die Onlinemedien der gruppenbezogenen Themen- oder Versammlungsöffentlichkeiten machen zwar deutlich, dass die Online-Kommunikation auch Laien und ressourcenschwachen Akteuren sehr stark erleichtert hat, ihre Themen und Meinungen zu publizieren: technische, wirtschaftliche und professionelle Barrieren existieren im Vergleich zu den publizistischen Presse- und Rundfunkmedien kaum noch. Allerdings kann man von einem Publizitätsparadox sprechen, denn je einfacher es ist, etwas (bzw. alles Mögliche) unselektiert zu publizieren, umso größer ist das Gesamtangebot des Publizierten. Da aber Rezeptionszeit und Aufmerksamkeit knappe Güter bleiben, sinkt – gerade durch die Umgehung bzw. den Wegfall professioneller Gatekeeper und professioneller Standards – die Chance gesellschaftlicher Wahrnehmung und gelingender Kommunikation. Zudem stellt sich die Frage der Glaubwürdigkeit im Netz (vgl.

K. Beck, *Soziologie der Online-Kommunikation*, essentials,
DOI 10.1007/978-3-658-04418-3_5, © Springer Fachmedien Wiesbaden 2014

Rössler und Wirth 1999) dann noch stärker, wenn professionelle journalistische Standards – zum Teil gezielt – ignoriert werden.

Weil also die Konstruktion einer „Netzöffentlichkeit" als abgetrennte Öffentlichkeitssphäre sui generis ebenso fragwürdig ist wie die Konstruktion separater Hörfunk-, Zeitungs- oder Fernsehöffentlichkeiten, erscheint eine Betrachtung von Öffentlichkeit als Prozess auch für die Onlineforschung angemessener. Ausgehend von Neidhardts Modell der drei Ebenen öffentlicher Kommunikation (Neidhardt 1994) findet spontane interpersonale Kommunikation über öffentlich relevante Themen auf der Encounter-Ebene auch online statt, etwa im Mailverkehr, in Chats, via Instant Messaging etc. Ein professioneller Selektionsprozess und eine organisatorische Fixierung von Sprecher- und Hörerrollen ist auf dieser Ebene nicht zu beobachten: die Kommunikation erfolgt „peer-to-peer". Auch die Ebene der Themen-, Versammlungs- und Organisationsöffentlichkeit kann in der Online-Kommunikation beschrieben werden: Mailinglists, Newsgroups und „Soaicl media" (insbesondere der Blogosphäre) sind Modi der Online-Kommunikation, bei denen Autoren (Sprecher) Kommunikate öffentlich kommunizieren, allerdings in der Regel an begrenzte Teilnehmerkreise. Die Themen werden auf dieser Ebene selektiert und strukturiert, der Kommunikationsprozess organisiert und die Kommunikationsrollen sind – zumindest de facto – asymmetrisch institutionalisiert, d. h. aus Hörern können zwar relativ leicht auch Sprecher werden, aber empirisch betrachtet bleibt dies die Ausnahme. Die Ebene der Medienöffentlichkeit, also hochgradig organisierter und daher oftmals kommerzialisierter sowie institutionalisierter Kommunikation, wird online typischerweise im WorldWideWeb realisiert – ohne dass alle Websites tatsächlich einen Beitrag zur politischen Öffentlichkeit leisten würden (vgl. Emmer und Wolling 2010). Die professionellen Kommunikatoren und Vermittler (Sprecherrollen) sind hier deutlich und dauerhaft von den Publikumsrollen unterschieden, wobei online partizipative und responsive Elemente einfacher realisiert werden können.

Themen der öffentlichen Kommunikation können nun online wie offline alle drei Ebenen (Encounter-, Themen-, Medienöffentlichkeit) durchlaufen: Aus der Organisationsöffentlichkeit (Parteien, Verbände, NGO) können Themen auf die Medienagenda gelangen; Medienthemen können auf der Encounterebene interpersonale Anschlusskommunikation hervorrufen usw. Empirisch beobachten lässt sich, dass Themen aus den publizistischen Medien (online wie offline) Anschlusskommunikation auch im Netz, etwa im Mailverkehr, aber auch in Chats, Blogs und via SNS, hervorruft. Und umgekehrt ist „das Netz" längst zu einem wichtigen Rechercheinstrument und Themenreservoir für professionelle Presse- und Rundfunkjournalisten geworden. Im Zuge des medienorganisatorischen Wandels zeichnet sich ab, dass Redaktionen und Journalisten zunehmend digitalen „Content" produzieren, der über verschiedene „Plattformen" vertrieben wird, d. h. derselbe Beitrag wird ggf. in adaptierter Form in Zeitung oder Zeitschrift und online vermarktet.

Fazit

6

Legt man einen kommunikationstheoretisch fundierten Medienbegriff zugrunde, erweist sich die Rede vom „Internet als Medium" als zu undifferenziert: Das Internet ist eine technische Plattform (Medium erster Ordnung), dass eine Reihe verschiedener Modi computervermittelter Kommunikation und Medien zweiter Ordnung ermöglicht. Eine Zuordnung einzelner *technischer* Dienste bzw. Protokolle anhand der Kriterien Zeit (synchron vs. asynchron) und soziale Konfiguration (onte-to one etc.) hält einer kritischen Prüfung nicht stand, weil die Organisations- und Institutionsdimensionen von Medien nicht durch die Technologie determiniert werden. Medienwahl und prozedurale Regeln des Mediengebrauchs werden durch die Nutzer kommunikativ ausgehandelt und verfestigen sich zu Handlungsrahmen im Sinne Goffmans. Die Übergänge zwischen dialogischer und polylogischer interpersonaler Kommunikation können dabei fließend sein, so dass eine Typologisierung in Medien interpersonaler Online-Kommunikation (vor allem. E-Mail, Instant Messaging), der Gruppenkommunikation (Chat, Mailinglist, Newsgroup, Blog und „soziales Netzwerk") nur einen ersten Überblick erlaubt. Näher betrachtet erweisen sich auch die einzelnen Internetdienste als hybride Medien. Durch die wachsende technische Integration verschiedener Kommunikationsmodi und Dienste auf Weboberflächen können die Nutzer Medienbrüche einfacher und vermutlich auch unbewusster vollziehen. Online-Kommunikation ist dabei vielfältig mit nicht medienvermittelten Formen interpersonaler Kommunikation und Beziehungen sowie mit öffentlicher Kommunikation in den publizistischen Medien Presse und Rundfunk vernetzt. Sie stellt keine isolierte Sphäre dar, sondern ist Teil gesellschaftlicher Kommunikationsprozesse. Das gilt auch für die öffentliche Online-Kommunikation, die keine abgegrenzte und eigenständige „Netzöffentlichkeit" hervorbringt.

K. Beck, *Soziologie der Online-Kommunikation*, essentials,
DOI 10.1007/978-3-658-04418-3_6, © Springer Fachmedien Wiesbaden 2014

Literatur

Beck, K. (2006). *Computervermittelte Kommunikation im Internet*. München: Oldenbourg.

Beck, K. (2007). *Kommunikationswissenschaft*. Konstanz: UVK/UTB.

Boyd, D. M., & Ellison, M. B. (2007). Social network sites: Definition, history, and scholarship. *Journal of Computer-Mediated Communication, 13,1, Article 11*; online: http://jcmc. indiana.edu/vol13/issue1/boyd.ellison.html (5.11.2009).

Doelker, C. (1998). Multimedia ist Multikode. In R. Pfammatter (Hrsg.), *Multi Media Mania. Reflexionen zu Aspekten Neuer Medien* (S. 37–44). Konstanz: UVK.

Döring, N., & Schestag, A. (2000). Soziale Normen in virtuellen Gruppen. Eine empirische Untersuchung am Beispiel ausgewählter Chat-Channels. In. U. Thiedecke (Hrsg.), *Virtuelle Gruppen. Charakteristika und Problemdimensionen* (S. 313–355). Wiesbaden: Westdeutscher Verlag.

Dogruel, L., & Katzenbach, C. (2010). Internet-Ökonomie – Grundlagen und Strategien aus kommunikationswissenschaftlicher Perspektive. In W. Schweiger & K. Beck (Hrsg.), *Handbuch Online-Kommunikation* (S. 105–129). Wiesbaden: VS.

Ebersbach, A., Glaser, M., & Heigl, R. (2011). *Social Web*. 2., völlig. überarb. Aufl. Konstanz: UVK.

Emmer, M., & Wolling, J. (2010). Online-Kommunikation und politische Öffentlichkeit. In W. Schweiger & K. Beck (Hrsg.), *Handbuch Online-Kommunikation* (S. 36–58). Wiesbaden: VS.

Fraas, C., Meier, S., & Pentzold, C. (2012). *Online-Kommunikation*. Grundlagen, Praxisfelder und Methoden. München. Oldenbourg.

Gebhardt, J. (2008). *Telekommunikatives Handeln im Alltag. Eine sozialphänomenologische Analyse interpersonaler Medienkommunikation*. Wiesbaden: VS.

Günther, U., & Wyss, E. L. (1996). E-Mail-Briefe – eine neue Textsorte zwischen Mündlichkeit und Schriftlichkeit. In E. W. B. Hess-Lüttich, W. Holly, & U. Püschel (Hrsg.), *Textstrukturen im Medienwandel* (S. 61–86). Frankfurt a. M.: Peter Lang.

Haase, M. et al. (1997). Internetkommunikation und Sprachwandel. In: Weingarten, R. (Hrsg.), *Sprachwandel durch Computer* (S. 51–85). Opladen: Westdeutscher Verlag.

Höflich, J. R. (1997): Zwischen massenmedialer und technisch vermittelter interpersonaler Kommunikation – der Computer als Hybridmedium und was die Menschen damit machen. In K. Beck & G. Vowe (Hrsg.), *Computernetze – ein Medium öffentlicher Kommunikation?* (S. 84–104). Berlin: Spiess.

Höflich, J. R. (1998a). Computerrahmen und die undifferenzierte Wirkungsfrage. Oder: warum erst einmal geklärt werden muß, was die Menschen mit dem Computer machen. In

Rössler, P. (Hrsg.), *Online-Kommunikation. Beiträge zu Nutzung und Wirkung* (S. 47–64). Opladen, Wiesbaden: Westdeutscher Verlag.

Höflich, J. R. (1998b). Computerrahmen und Kommunikation. In E. Prommer & G. Vowe (Hrsg.), *Computervermittelte Kommunikation. Öffentlichkeit im Wandel* (S. 141–174). Konstanz: UVK.

Höflich, J. R. (2003). *Mensch, Computer und Kommunikation. Theoretische Verortungen und empirische Befunde.* Frankfurt a. M.u. a.: Peter Lang.

Joerges, B., & Braun, I. (1994). Große technische Systeme – erzählt, gedeutet, modelliert. In I. Braun & B. Joerges (Hrsg.), *Technik ohne Grenzen* (S. 7–49). Frankfurt a. M.: Suhrkamp.

Kubicek, H. (1997). Das Internet auf dem Weg zum Massenmedium? Ein Versuch, Lehren aus der Geschichte alter und anderer neuer Medien zu ziehen. In R. Werle & C. Lang (Hrsg.), *Modell Internet? Entwicklungsperspektiven neuer Kommunikationsnetze* (S. 213–239). Frankfurt a. M.: Campus.

Morris, M., & Ogan, C. (1996). The Internet as Mass Medium. *Journal of Communication, 1*(46), 39–50.

Mortsiefer, H. (2013). Twitter in Rot. *Der Tagesspiegel,* 5.10.2013, S. 9.

Neidhardt, F. (1994). Öffentlichkeit, öffentliche Meinung, soziale Bewegungen. In. F. Neidhardt (Hrsg.), *Öffentlichkeit, öffentliche Meinung, soziale Bewegungen.* Sonderheft 34, Kölner Zeitschrift für Soziologie und Sozialpsychologie (S. 7–41). Opladen: Westdeutscher Verlag.

Neuberger, C., & Quandt, T. (2010). Internet-Journalismus: Vom traditionellen Gatekeeping zum partizipativen Journalismus? In W. Schweiger & K. Beck (Hrsg.), *Handbuch Online-Kommunikation* (S. 59–79). Wiesbaden: VS.

Pansegrau, P. (1997). Dialogizität und Degrammatikalisierung in E-Mails. In R. Weingarten (Hrsg.), *Sprachwandel durch Computer* (S. 86–104).Opladen: Westdeutscher Verlag.

Pfammater, R. (1998). Hypertext – das Multimediakonzept. Strukturen, Funktionen, Qualitätskriterien. In: R. Pfammatter (Hrsg.), *Multi Media Mania. Reflexionen zu Aspekten Neuer Medien.* (S. 45–75). Konstanz: UVK.

Rössler, P. (1998). Wirkungsmodelle. Die digitale Herausforderung. Überlegungen zur Inventur bestehender Erklärungsansätze der Medienwirkungsforschung. In: P. Rössler (Hrsg.), *Online-Kommunikation. Beiträge zu Nutzung und Wirkung* (S. 17–46). Opladen: Westdeutscher Verlag.

Rössler, P., & Wirth, W. (1999). (Hrsg.), *Glaubwürdigkeit im Internet. Fragestellungen, Modelle, empirische Befunde.* München: Reinhard Fischer.

Schmidt, J. (2006). *Weblogs. Eine kommunikationssoziologische Studie.* Konstanz: UVK.

Schmidt, J. (2009). *Das neue Netz. Merkmale, Praktiken und Folgen des Web 2.0.* Konstanz: UVK.

Schneider et al. (2005). *Instant Messaging – Neue Räume im Cyberspace. Nutzertypen Gebrauchsweisen, Motive, Regeln.* München: Reinhard Fischer.

Schweiger, W. (2001). *Hypermedien im Internet. Nutzung und ausgewählte Effekte der Linkgestaltung.* München: Reinhard Fischer.

Schweiger, W., & Beck, K. (Hrsg.). (2010). *Handbuch Online-Kommunikation.* Wiesbaden: VS.

Smith, M. A., & Kollock, P. (Hrsg.). (1999). *Communities in Cyberspace.* London: Routledge.

Stegbauer, C. (2001). *Grenzen virtueller Gemeinschaft. Strukturen internetbasierter Kommunikationsforen.* Wiesbaden: Westdeutscher Verlag.

Thiedecke, U. (Hrsg.). (2000). *Virtuelle Gruppen. Charakteristika und Problemdimensionen.* Wiesbaden: Westdeutscher Verlag

Voigt, S. (2003). *E-Mail-Kommunikation in Organisationen. Eine explorative Studie zu individuellen Nutzungsstrategien.* München: R. Fischer.

Whittaker, S. u. Sidner, C. L. (1997). Email Overload: Exploring Personal Information Managenemt of Email. In S. Kiesler (Hrsg.), *Culture of the Internet* (S. 277–295). Mahwa: Erlbaum.

Xing (2013). Q2 *Half Year Report for the period from Januaray 1 to June 30, 2013*; https://corporate.xing.com/fileadmin/IR/XING_Q2_2013_E.pdf (4.10.2013).

Zimmermann, H. (1980). OSI Reference Model – The ISO Model of Architecture for Open Systems Interconnection. *IEE Transactions on Communications, 4*(28), 425–437. Online: http://www.comsoc.org/livepubs/50_journals/pdf/RightsManagement_eid=136833.pdf (20.11.2009).

Printed by Publishers' Graphics LLC